This Book
Belongs To

_____

_____

_____

Please Return With Care

Barbara Appleby Books

This is for all writers that do book signings.
If someone wants a autographed copy to be sent
or wants to preorder here is the perfect receipt
book for you the author.
We are proud of you!

Other Books you might like.

Relaxing Coloring Books for Adults

Relaxing Coloring Books for Adults Vol.2

Order #_____   Order #_____

Person Ordering   Person Ordering
_____   _____
_____   _____
_____   _____

Phone#_____   Phone#_____

E-Mail   E-Mail
_____   _____

Items   Items
_____   _____
_____   _____
_____   _____
_____   _____

Total _____   Total _____

- -

Order #_____   Order #_____

Person Ordering   Person Ordering
_____   _____
_____   _____
_____   _____

Phone#_____   Phone#_____

E-Mail   E-Mail
_____   _____

Items   Items
_____   _____
_____   _____
_____   _____
_____   _____

Total _____   Total _____

Thank-You!

Thank-You!

Order #_____   Order #_____

Person Ordering   Person Ordering

_____   _____
_____   _____
_____   _____

Phone#_____   Phone#_____

E-Mail   E-Mail

_____   _____

Items   Items

_____   _____
_____   _____
_____   _____
_____   _____

Total _____   Total _____

Order #_____   Order #_____

Person Ordering   Person Ordering

_____   _____
_____   _____
_____   _____

Phone#_____   Phone#_____

E-Mail   E-Mail

_____   _____

Items   Items

_____   _____
_____   _____
_____   _____
_____   _____

Total _____   Total _____

Thank-You!

Thank-You!

Order #_____   Order #_____

Person Ordering   Person Ordering
_____   _____
_____   _____
_____   _____

Phone#_____   Phone#_____

E-Mail   E-Mail
_____   _____

Items   Items
_____   _____
_____   _____
_____   _____
_____   _____

Total _____   Total _____

Order #_____   Order #_____

Person Ordering   Person Ordering
_____   _____
_____   _____
_____   _____

Phone#_____   Phone#_____

E-Mail   E-Mail
_____   _____

Items   Items
_____   _____
_____   _____
_____   _____
_____   _____

Total _____   Total _____

Thank-You!

Thank-You!

Order #_____ | Order #_____

Person Ordering | Person Ordering

_____ | _____
_____ | _____
_____ | _____

Phone#_____ | Phone#_____

E-Mail | E-Mail

_____ | _____

Items | Items

_____ | _____
_____ | _____
_____ | _____
_____ | _____

Total _____ | Total _____

Order #_____ | Order #_____

Person Ordering | Person Ordering

_____ | _____
_____ | _____
_____ | _____

Phone#_____ | Phone#_____

E-Mail | E-Mail

_____ | _____

Items | Items

_____ | _____
_____ | _____
_____ | _____
_____ | _____

Total _____ | Total _____

Thank-You!

Thank-You!

Order #_____ | Order #_____

Person Ordering | Person Ordering

_____ | _____

_____ | _____

_____ | _____

Phone#_____ | Phone#_____

E-Mail | E-Mail

_____ | _____

Items | Items

_____ | _____

_____ | _____

_____ | _____

_____ | _____

Total _____ | Total _____

Order #_____ | Order #_____

Person Ordering | Person Ordering

_____ | _____

_____ | _____

_____ | _____

Phone#_____ | Phone#_____

E-Mail | E-Mail

_____ | _____

Items | Items

_____ | _____

_____ | _____

_____ | _____

_____ | _____

Total _____ | Total _____

Thank-You!

- -

Thank-You!

Order #_____ | Order #_____

Person Ordering | Person Ordering

_____ | _____
_____ | _____
_____ | _____

Phone#_____ | Phone#_____

E-Mail | E-Mail

_____ | _____

Items | Items

_____ | _____
_____ | _____
_____ | _____
_____ | _____

Total _____ | Total _____

Order #_____ | Order #_____

Person Ordering | Person Ordering

_____ | _____
_____ | _____
_____ | _____

Phone#_____ | Phone#_____

E-Mail | E-Mail

_____ | _____

Items | Items

_____ | _____
_____ | _____
_____ | _____
_____ | _____

Total _____ | Total _____

Thank-You!

Thank-You!

Order #_____ | Order #_____

Person Ordering | Person Ordering

_____ | _____
_____ | _____
_____ | _____

Phone#_____ | Phone#_____

E-Mail | E-Mail

_____ | _____

Items | Items

_____ | _____
_____ | _____
_____ | _____
_____ | _____

Total _____ | Total _____

Order #_____ | Order #_____

Person Ordering | Person Ordering

_____ | _____
_____ | _____
_____ | _____

Phone#_____ | Phone#_____

E-Mail | E-Mail

_____ | _____

Items | Items

_____ | _____
_____ | _____
_____ | _____
_____ | _____

Total _____ | Total _____

Thank-You!

Thank-You!

Order #_____ | Order #_____

Person Ordering | Person Ordering

_____ | _____
_____ | _____
_____ | _____

Phone#_____ | Phone#_____

E-Mail | E-Mail

_____ | _____

Items | Items

_____ | _____
_____ | _____
_____ | _____
_____ | _____

Total _____ | Total _____

Order #_____ | Order #_____

Person Ordering | Person Ordering

_____ | _____
_____ | _____
_____ | _____

Phone#_____ | Phone#_____

E-Mail | E-Mail

_____ | _____

Items | Items

_____ | _____
_____ | _____
_____ | _____
_____ | _____

Total _____ | Total _____

Thank-You!

Thank-You!

Order #_____

Person Ordering

_____

_____

_____

Phone#_____

E-Mail

_____

Items

_____

_____

_____

_____

Total _____

Order #_____

Person Ordering

_____

_____

_____

Phone#_____

E-Mail

_____

Items

_____

_____

_____

_____

Total _____

Order #_____

Person Ordering

_____

_____

_____

Phone#_____

E-Mail

_____

Items

_____

_____

_____

_____

Total _____

Order #_____

Person Ordering

_____

_____

_____

Phone#_____

E-Mail

_____

Items

_____

_____

_____

_____

Total _____

Thank-You!

Thank-You!

Order #_____ | Order #_____

Person Ordering | Person Ordering

_____ | _____
_____ | _____
_____ | _____

Phone#_____ | Phone#_____

E-Mail | E-Mail

_____ | _____

Items | Items

_____ | _____
_____ | _____
_____ | _____
_____ | _____

Total _____ | Total _____

Order #_____ | Order #_____

Person Ordering | Person Ordering

_____ | _____
_____ | _____
_____ | _____

Phone#_____ | Phone#_____

E-Mail | E-Mail

_____ | _____

Items | Items

_____ | _____
_____ | _____
_____ | _____
_____ | _____

Total _____ | Total _____

Thank-You!

Thank-You!

Order #_____

Person Ordering

_____
_____
_____

Phone#_____

E-Mail

_____

Items

_____
_____
_____
_____

Total _____

Order #_____

Person Ordering

_____
_____
_____

Phone#_____

E-Mail

_____

Items

_____
_____
_____
_____

Total _____

Order #_____

Person Ordering

_____
_____
_____

Phone#_____

E-Mail

_____

Items

_____
_____
_____
_____

Total _____

Order #_____

Person Ordering

_____
_____
_____

Phone#_____

E-Mail

_____

Items

_____
_____
_____
_____

Total _____

Thank-You!

- -

Thank-You!

Order #_____ | Order #_____

Person Ordering | Person Ordering

_____ | _____
_____ | _____
_____ | _____

Phone#_____ | Phone#_____

E-Mail | E-Mail

_____ | _____

Items | Items

_____ | _____
_____ | _____
_____ | _____
_____ | _____

Total _____ | Total _____

Order #_____ | Order #_____

Person Ordering | Person Ordering

_____ | _____
_____ | _____
_____ | _____

Phone#_____ | Phone#_____

E-Mail | E-Mail

_____ | _____

Items | Items

_____ | _____
_____ | _____
_____ | _____
_____ | _____

Total _____ | Total _____

Thank-You!

Thank-You!

Order #_____ | Order #_____

Person Ordering | Person Ordering

_____ | _____
_____ | _____
_____ | _____

Phone#_____ | Phone#_____

E-Mail | E-Mail

_____ | _____

Items | Items

_____ | _____
_____ | _____
_____ | _____
_____ | _____

Total _____ | Total _____

- -

Order #_____ | Order #_____

Person Ordering | Person Ordering

_____ | _____
_____ | _____
_____ | _____

Phone#_____ | Phone#_____

E-Mail | E-Mail

_____ | _____

Items | Items

_____ | _____
_____ | _____
_____ | _____
_____ | _____

Total _____ | Total _____

Thank-You!

Thank-You!

Order #_____   Order #_____

Person Ordering   Person Ordering

_____   _____
_____   _____
_____   _____

Phone#_____   Phone#_____

E-Mail   E-Mail

_____   _____

Items   Items

_____   _____
_____   _____
_____   _____
_____   _____

Total _____   Total _____

Order #_____   Order #_____

Person Ordering   Person Ordering

_____   _____
_____   _____
_____   _____

Phone#_____   Phone#_____

E-Mail   E-Mail

_____   _____

Items   Items

_____   _____
_____   _____
_____   _____
_____   _____

Total _____   Total _____

Thank-You!

Thank-You!

Order #_____   Order #_____

Person Ordering   Person Ordering
_____   _____
_____   _____
_____   _____

Phone#_____   Phone#_____
E-Mail   E-Mail
_____   _____

Items   Items
_____   _____
_____   _____
_____   _____
_____   _____

Total _____   Total _____

Order #_____   Order #_____

Person Ordering   Person Ordering
_____   _____
_____   _____
_____   _____

Phone#_____   Phone#_____
E-Mail   E-Mail
_____   _____

Items   Items
_____   _____
_____   _____
_____   _____
_____   _____

Total _____   Total _____

Thank-You!

Thank-You!

Order #_____   Order #_____

Person Ordering   Person Ordering

_____   _____
_____   _____
_____   _____

Phone#_____   Phone#_____

E-Mail   E-Mail

_____   _____

Items   Items

_____   _____
_____   _____
_____   _____
_____   _____

Total _____   Total _____

Order #_____   Order #_____

Person Ordering   Person Ordering

_____   _____
_____   _____
_____   _____

Phone#_____   Phone#_____

E-Mail   E-Mail

_____   _____

Items   Items

_____   _____
_____   _____
_____   _____
_____   _____

Total _____   Total _____

Thank-You!

Thank-You!

Order #_____ | Order #_____

Person Ordering | Person Ordering

_____ | _____
_____ | _____
_____ | _____

Phone#_____ | Phone#_____

E-Mail | E-Mail

_____ | _____

Items | Items

_____ | _____
_____ | _____
_____ | _____
_____ | _____

Total _____ | Total _____

Order #_____ | Order #_____

Person Ordering | Person Ordering

_____ | _____
_____ | _____
_____ | _____

Phone#_____ | Phone#_____

E-Mail | E-Mail

_____ | _____

Items | Items

_____ | _____
_____ | _____
_____ | _____
_____ | _____

Total _____ | Total _____

Thank-You!

Thank-You!

Order #_____   Order #_____

Person Ordering   Person Ordering
_____   _____
_____   _____
_____   _____

Phone#_____   Phone#_____

E-Mail   E-Mail
_____   _____

Items   Items
_____   _____
_____   _____
_____   _____
_____   _____

Total _____   Total _____

Order #_____   Order #_____

Person Ordering   Person Ordering
_____   _____
_____   _____
_____   _____

Phone#_____   Phone#_____

E-Mail   E-Mail
_____   _____

Items   Items
_____   _____
_____   _____
_____   _____
_____   _____

Total _____   Total _____

Thank-You!

Thank-You!

Order #_____

Person Ordering

_____
_____
_____

Phone#_____

E-Mail

_____

Items

_____
_____
_____
_____

Total _____

Order #_____

Person Ordering

_____
_____
_____

Phone#_____

E-Mail

_____

Items

_____
_____
_____
_____

Total _____

Order #_____

Person Ordering

_____
_____
_____

Phone#_____

E-Mail

_____

Items

_____
_____
_____
_____

Total _____

Order #_____

Person Ordering

_____
_____
_____

Phone#_____

E-Mail

_____

Items

_____
_____
_____
_____

Total _____

Thank-You!

Thank-You!

Order #_____

Person Ordering

_____
_____
_____

Phone#_____

E-Mail

_____

Items

_____
_____
_____
_____

Total _____

Order #_____

Person Ordering

_____
_____
_____

Phone#_____

E-Mail

_____

Items

_____
_____
_____
_____

Total _____

Order #_____

Person Ordering

_____
_____
_____

Phone#_____

E-Mail

_____

Items

_____
_____
_____
_____

Total _____

Order #_____

Person Ordering

_____
_____
_____

Phone#_____

E-Mail

_____

Items

_____
_____
_____
_____

Total _____

Thank-You!

Thank-You!

Order #_____

Person Ordering

_____

_____

_____

Phone#_____

E-Mail

_____

Items

_____

_____

_____

_____

Total _____

Order #_____

Person Ordering

_____

_____

_____

Phone#_____

E-Mail

_____

Items

_____

_____

_____

_____

Total _____

Order #_____

Person Ordering

_____

_____

_____

Phone#_____

E-Mail

_____

Items

_____

_____

_____

_____

Total _____

Order #_____

Person Ordering

_____

_____

_____

Phone#_____

E-Mail

_____

Items

_____

_____

_____

_____

Total _____

Thank-You!

Thank-You!

Order #_____ | Order #_____

Person Ordering | Person Ordering

_____ | _____
_____ | _____
_____ | _____

Phone#_____ | Phone#_____

E-Mail | E-Mail

_____ | _____

Items | Items

_____ | _____
_____ | _____
_____ | _____
_____ | _____

Total _____ | Total _____

- -

Order #_____ | Order #_____

Person Ordering | Person Ordering

_____ | _____
_____ | _____
_____ | _____

Phone#_____ | Phone#_____

E-Mail | E-Mail

_____ | _____

Items | Items

_____ | _____
_____ | _____
_____ | _____
_____ | _____

Total _____ | Total _____

Thank-You!

Thank-You!

Order #_____ | Order #_____

Person Ordering | Person Ordering

_____ | _____
_____ | _____
_____ | _____

Phone#_____ | Phone#_____

E-Mail | E-Mail

_____ | _____

Items | Items

_____ | _____
_____ | _____
_____ | _____
_____ | _____

Total _____ | Total _____

Order #_____ | Order #_____

Person Ordering | Person Ordering

_____ | _____
_____ | _____
_____ | _____

Phone#_____ | Phone#_____

E-Mail | E-Mail

_____ | _____

Items | Items

_____ | _____
_____ | _____
_____ | _____
_____ | _____

Total _____ | Total _____

Thank-You!

Thank-You!

Order #_____ | Order #_____

Person Ordering | Person Ordering

_____ | _____
_____ | _____
_____ | _____

Phone#_____ | Phone#_____

E-Mail | E-Mail

_____ | _____

Items | Items

_____ | _____
_____ | _____
_____ | _____
_____ | _____

Total _____ | Total _____

- -

Order #_____ | Order #_____

Person Ordering | Person Ordering

_____ | _____
_____ | _____
_____ | _____

Phone#_____ | Phone#_____

E-Mail | E-Mail

_____ | _____

Items | Items

_____ | _____
_____ | _____
_____ | _____
_____ | _____

Total _____ | Total _____

Thank-You!

Thank-You!

Order #_____

Person Ordering

_____

_____

_____

Phone#_____

E-Mail

_____

Items

_____

_____

_____

_____

Total _____

Order #_____

Person Ordering

_____

_____

_____

Phone#_____

E-Mail

_____

Items

_____

_____

_____

_____

Total _____

Order #_____

Person Ordering

_____

_____

_____

Phone#_____

E-Mail

_____

Items

_____

_____

_____

_____

Total _____

Order #_____

Person Ordering

_____

_____

_____

Phone#_____

E-Mail

_____

Items

_____

_____

_____

_____

Total _____

Thank-You!

Thank-You!

Order #_____

Person Ordering

_____

_____

_____

Phone#_____

E-Mail

_____

Items

_____

_____

_____

_____

Total _____

Order #_____

Person Ordering

_____

_____

_____

Phone#_____

E-Mail

_____

Items

_____

_____

_____

_____

Total _____

Order #_____

Person Ordering

_____

_____

_____

Phone#_____

E-Mail

_____

Items

_____

_____

_____

_____

Total _____

Order #_____

Person Ordering

_____

_____

_____

Phone#_____

E-Mail

_____

Items

_____

_____

_____

_____

Total _____

Thank-You!

Thank-You!

Order #_____

Person Ordering

_____
_____
_____

Phone#_____

E-Mail

_____

Items

_____
_____
_____
_____

Total _____

Order #_____

Person Ordering

_____
_____
_____

Phone#_____

E-Mail

_____

Items

_____
_____
_____
_____

Total _____

Order #_____

Person Ordering

_____
_____
_____

Phone#_____

E-Mail

_____

Items

_____
_____
_____
_____

Total _____

Order #_____

Person Ordering

_____
_____
_____

Phone#_____

E-Mail

_____

Items

_____
_____
_____
_____

Total _____

Thank-You!

Thank-You!

Order #_____ | Order #_____

Person Ordering | Person Ordering

_____ | _____
_____ | _____
_____ | _____

Phone#_____ | Phone#_____

E-Mail | E-Mail

_____ | _____

Items | Items

_____ | _____
_____ | _____
_____ | _____
_____ | _____

Total _____ | Total _____

- -

Order #_____ | Order #_____

Person Ordering | Person Ordering

_____ | _____
_____ | _____
_____ | _____

Phone#_____ | Phone#_____

E-Mail | E-Mail

_____ | _____

Items | Items

_____ | _____
_____ | _____
_____ | _____
_____ | _____

Total _____ | Total _____

Thank-You!

Thank-You!

Order #_____   Order #_____

Person Ordering   Person Ordering
_____   _____
_____   _____
_____   _____

Phone#_____   Phone#_____

E-Mail   E-Mail
_____   _____

Items   Items
_____   _____
_____   _____
_____   _____
_____   _____

Total _____   Total _____

Order #_____   Order #_____

Person Ordering   Person Ordering
_____   _____
_____   _____
_____   _____

Phone#_____   Phone#_____

E-Mail   E-Mail
_____   _____

Items   Items
_____   _____
_____   _____
_____   _____
_____   _____

Total _____   Total _____

Thank-You!

Thank-You!

Order #_____

Person Ordering

_____

_____

_____

Phone#_____

E-Mail

_____

Items

_____

_____

_____

_____

Total _____

Order #_____

Person Ordering

_____

_____

_____

Phone#_____

E-Mail

_____

Items

_____

_____

_____

_____

Total _____

Order #_____

Person Ordering

_____

_____

_____

Phone#_____

E-Mail

_____

Items

_____

_____

_____

_____

Total _____

Order #_____

Person Ordering

_____

_____

_____

Phone#_____

E-Mail

_____

Items

_____

_____

_____

_____

Total _____

Thank-You!

Thank-You!

Order #_____ | Order #_____

Person Ordering | Person Ordering

_____ | _____
_____ | _____
_____ | _____

Phone#_____ | Phone#_____

E-Mail | E-Mail

_____ | _____

Items | Items

_____ | _____
_____ | _____
_____ | _____
_____ | _____

Total _____ | Total _____

- -

Order #_____ | Order #_____

Person Ordering | Person Ordering

_____ | _____
_____ | _____
_____ | _____

Phone#_____ | Phone#_____

E-Mail | E-Mail

_____ | _____

Items | Items

_____ | _____
_____ | _____
_____ | _____
_____ | _____

Total _____ | Total _____

Thank-You!

Thank-You!

Order #_____   Order #_____

Person Ordering   Person Ordering

_____   _____
_____   _____
_____   _____

Phone#_____   Phone#_____

E-Mail   E-Mail

_____   _____

Items   Items

_____   _____
_____   _____
_____   _____
_____   _____

Total _____   Total _____

Order #_____   Order #_____

Person Ordering   Person Ordering

_____   _____
_____   _____
_____   _____

Phone#_____   Phone#_____

E-Mail   E-Mail

_____   _____

Items   Items

_____   _____
_____   _____
_____   _____
_____   _____

Total _____   Total _____

Thank-You!

Thank-You!

Order #_____   Order #_____

Person Ordering   Person Ordering

_____ _____
_____ _____
_____ _____

Phone#_____   Phone#_____

E-Mail   E-Mail

_____ _____

Items   Items

_____ _____
_____ _____
_____ _____
_____ _____

Total _____   Total _____

- -

Order #_____   Order #_____

Person Ordering   Person Ordering

_____ _____
_____ _____
_____ _____

Phone#_____   Phone#_____

E-Mail   E-Mail

_____ _____

Items   Items

_____ _____
_____ _____
_____ _____
_____ _____

Total _____   Total _____

Thank-You!

Thank-You!

Order #_____ | Order #_____

Person Ordering | Person Ordering

_____ | _____
_____ | _____
_____ | _____

Phone#_____ | Phone#_____

E-Mail | E-Mail

_____ | _____

Items | Items

_____ | _____
_____ | _____
_____ | _____
_____ | _____

Total _____ | Total _____

Order #_____ | Order #_____

Person Ordering | Person Ordering

_____ | _____
_____ | _____
_____ | _____

Phone#_____ | Phone#_____

E-Mail | E-Mail

_____ | _____

Items | Items

_____ | _____
_____ | _____
_____ | _____
_____ | _____

Total _____ | Total _____

Thank-You!

Thank-You!

Order #_____

Person Ordering

_____

_____

_____

Phone#_____

E-Mail

_____

Items

_____

_____

_____

_____

Total _____

Order #_____

Person Ordering

_____

_____

_____

Phone#_____

E-Mail

_____

Items

_____

_____

_____

_____

Total _____

Order #_____

Person Ordering

_____

_____

_____

Phone#_____

E-Mail

_____

Items

_____

_____

_____

_____

Total _____

Order #_____

Person Ordering

_____

_____

_____

Phone#_____

E-Mail

_____

Items

_____

_____

_____

_____

Total _____

Thank-You!

- -

Thank-You!

Order #_____   Order #_____

Person Ordering   Person Ordering
_____   _____
_____   _____
_____   _____

Phone#_____   Phone#_____

E-Mail   E-Mail
_____   _____

Items   Items
_____   _____
_____   _____
_____   _____
_____   _____

Total _____   Total _____

- -

Order #_____   Order #_____

Person Ordering   Person Ordering
_____   _____
_____   _____
_____   _____

Phone#_____   Phone#_____

E-Mail   E-Mail
_____   _____

Items   Items
_____   _____
_____   _____
_____   _____
_____   _____

Total _____   Total _____

Thank-You!

Thank-You!

Order #_____

Person Ordering

_____
_____
_____

Phone#_____

E-Mail

_____

Items

_____
_____
_____
_____

Total _____

Order #_____

Person Ordering

_____
_____
_____

Phone#_____

E-Mail

_____

Items

_____
_____
_____

Total _____

Order #_____

Person Ordering

_____
_____
_____

Phone#_____

E-Mail

_____

Items

_____
_____
_____
_____

Total _____

Order #_____

Person Ordering

_____
_____
_____

Phone#_____

E-Mail

_____

Items

_____
_____
_____
_____

Total _____

Thank-You!

- -

Thank-You!

Order #_____ | Order #_____

Person Ordering | Person Ordering

_____ | _____
_____ | _____
_____ | _____

Phone#_____ | Phone#_____

E-Mail | E-Mail

_____ | _____

Items | Items

_____ | _____
_____ | _____
_____ | _____
_____ | _____

Total _____ | Total _____

Order #_____ | Order #_____

Person Ordering | Person Ordering

_____ | _____
_____ | _____
_____ | _____

Phone#_____ | Phone#_____

E-Mail | E-Mail

_____ | _____

Items | Items

_____ | _____
_____ | _____
_____ | _____
_____ | _____

Total _____ | Total _____

Thank-You!

Thank-You!

Order #_____ Order #_____

Person Ordering Person Ordering

_____ _____

_____ _____

_____ _____

Phone#_____ Phone#_____

E-Mail E-Mail

_____ _____

Items Items

_____ _____

_____ _____

_____ _____

_____ _____

Total _____ Total _____

- -

Order #_____ Order #_____

Person Ordering Person Ordering

_____ _____

_____ _____

_____ _____

Phone#_____ Phone#_____

E-Mail E-Mail

_____ _____

Items Items

_____ _____

_____ _____

_____ _____

_____ _____

Total _____ Total _____

Thank-You!

- -

Thank-You!

Order #_____

Person Ordering

_____

_____

_____

Phone#_____

E-Mail

_____

Items

_____

_____

_____

_____

Total _____

Order #_____

Person Ordering

_____

_____

_____

Phone#_____

E-Mail

_____

Items

_____

_____

_____

_____

Total _____

Order #_____

Person Ordering

_____

_____

_____

Phone#_____

E-Mail

_____

Items

_____

_____

_____

_____

Total _____

Order #_____

Person Ordering

_____

_____

_____

Phone#_____

E-Mail

_____

Items

_____

_____

_____

_____

Total _____

Thank-You!

Thank-You!

Order #_____   Order #_____

Person Ordering   Person Ordering

_____   _____
_____   _____
_____   _____

Phone#_____   Phone#_____

E-Mail   E-Mail

_____   _____

Items   Items

_____   _____
_____   _____
_____   _____
_____   _____

Total _____   Total _____

Order #_____   Order #_____

Person Ordering   Person Ordering

_____   _____
_____   _____
_____   _____

Phone#_____   Phone#_____

E-Mail   E-Mail

_____   _____

Items   Items

_____   _____
_____   _____
_____   _____
_____   _____

Total _____   Total _____

Thank-You!

- -

Thank-You!

Order #_____   Order #_____

Person Ordering   Person Ordering

_____   _____
_____   _____
_____   _____

Phone#_____   Phone#_____

E-Mail   E-Mail

_____   _____

Items   Items

_____   _____
_____   _____
_____   _____
_____   _____

Total _____   Total _____

Order #_____   Order #_____

Person Ordering   Person Ordering

_____   _____
_____   _____
_____   _____

Phone#_____   Phone#_____

E-Mail   E-Mail

_____   _____

Items   Items

_____   _____
_____   _____
_____   _____
_____   _____

Total _____   Total _____

Thank-You!

Thank-You!

Order #_____

Person Ordering

_____

_____

_____

Phone#_____

E-Mail

_____

Items

_____

_____

_____

_____

Total _____

Order #_____

Person Ordering

_____

_____

_____

Phone#_____

E-Mail

_____

Items

_____

_____

_____

_____

Total _____

Order #_____

Person Ordering

_____

_____

_____

Phone#_____

E-Mail

_____

Items

_____

_____

_____

_____

Total _____

Order #_____

Person Ordering

_____

_____

_____

Phone#_____

E-Mail

_____

Items

_____

_____

_____

_____

Total _____

Thank-You!

- -

Thank-You!

Order #_____

Person Ordering

_____
_____
_____

Phone#_____

E-Mail

_____

Items

_____
_____
_____
_____

Total _____

Order #_____

Person Ordering

_____
_____
_____

Phone#_____

E-Mail

_____

Items

_____
_____
_____
_____

Total _____

Order #_____

Person Ordering

_____
_____
_____

Phone#_____

E-Mail

_____

Items

_____
_____
_____
_____

Total _____

Order #_____

Person Ordering

_____
_____
_____

Phone#_____

E-Mail

_____

Items

_____
_____
_____
_____

Total _____

Thank-You!

Thank-You!

Order #_____ | Order #_____

Person Ordering | Person Ordering

_____ | _____
_____ | _____
_____ | _____

Phone#_____ | Phone#_____

E-Mail | E-Mail

_____ | _____

Items | Items

_____ | _____
_____ | _____
_____ | _____
_____ | _____

Total _____ | Total _____

- -

Order #_____ | Order #_____

Person Ordering | Person Ordering

_____ | _____
_____ | _____
_____ | _____

Phone#_____ | Phone#_____

E-Mail | E-Mail

_____ | _____

Items | Items

_____ | _____
_____ | _____
_____ | _____
_____ | _____

Total _____ | Total _____

Thank-You!

Thank-You!

Order #_____   Order #_____

Person Ordering   Person Ordering

_____   _____
_____   _____
_____   _____

Phone#_____   Phone#_____

E-Mail   E-Mail

_____   _____

Items   Items

_____   _____
_____   _____
_____   _____
_____   _____

Total _____   Total _____

Order #_____   Order #_____

Person Ordering   Person Ordering

_____   _____
_____   _____
_____   _____

Phone#_____   Phone#_____

E-Mail   E-Mail

_____   _____

Items   Items

_____   _____
_____   _____
_____   _____
_____   _____

Total _____   Total _____

Thank-You!

Thank-You!

Order #_____   Order #_____

Person Ordering   Person Ordering

_____   _____
_____   _____
_____   _____

Phone#_____   Phone#_____

E-Mail   E-Mail

_____   _____

Items   Items

_____   _____
_____   _____
_____   _____
_____   _____

Total _____   Total _____

Order #_____   Order #_____

Person Ordering   Person Ordering

_____   _____
_____   _____
_____   _____

Phone#_____   Phone#_____

E-Mail   E-Mail

_____   _____

Items   Items

_____   _____
_____   _____
_____   _____
_____   _____

Total _____   Total _____

Thank-You!

Thank-You!

Order #_____   Order #_____

Person Ordering   Person Ordering
_____   _____
_____   _____
_____   _____

Phone#_____   Phone#_____

E-Mail   E-Mail
_____   _____

Items   Items
_____   _____
_____   _____
_____   _____
_____   _____

Total _____   Total _____

Order #_____   Order #_____

Person Ordering   Person Ordering
_____   _____
_____   _____
_____   _____

Phone#_____   Phone#_____

E-Mail   E-Mail
_____   _____

Items   Items
_____   _____
_____   _____
_____   _____
_____   _____

Total _____   Total _____

Thank-You!

Thank-You!

Order #_____   Order #_____

Person Ordering   Person Ordering

_____   _____
_____   _____
_____   _____

Phone#_____   Phone#_____

E-Mail   E-Mail

_____   _____

Items   Items

_____   _____
_____   _____
_____   _____
_____   _____

Total _____   Total _____

Order #_____   Order #_____

Person Ordering   Person Ordering

_____   _____
_____   _____
_____   _____

Phone#_____   Phone#_____

E-Mail   E-Mail

_____   _____

Items   Items

_____   _____
_____   _____
_____   _____
_____   _____

Total _____   Total _____

Thank-You!

- -

Thank-You!

Order #_____

Person Ordering

_____

_____

_____

Phone#_____

E-Mail

_____

Items

_____

_____

_____

_____

Total _____

Order #_____

Person Ordering

_____

_____

_____

Phone#_____

E-Mail

_____

Items

_____

_____

_____

_____

Total _____

Order #_____

Person Ordering

_____

_____

_____

Phone#_____

E-Mail

_____

Items

_____

_____

_____

_____

Total _____

Order #_____

Person Ordering

_____

_____

_____

Phone#_____

E-Mail

_____

Items

_____

_____

_____

_____

Total _____

Thank-You!

Thank-You!

8.5" x 11" (21.59 x 27.94 cm)

Black & White on White paper

ISBN-13: 978-1500943745

ISBN-10: 1500943746

BISAC: Language Arts & Disciplines / Publishing

"Writer's Write Calendar and Organizer" is a working writers best friend. It is a valuable tool to help make the most of their most precious resource; time. The•handy planning calendar is useful to track projects, and increase your productivity•and your income. This includes to Do List, Contacts Address, Notes, Book Launch,•Editing Day, Password List, Blog Post Planner, Book Signings and Reservations. •Make your planner a part of your life style and see the rewards of time well spent.

8.5" x 11" (21.59 x 27.94 cm)

Black & White on White paper

ISBN-13: 978-1511781497

ISBN-10: 1511781491

BISAC: Non-Classifiable / Non-Classifiable

My friends have ask for a coloring book for them. Adults

that work and run as hard as they can all day. They loved

coloring but didn't want to color children's coloring books.

They needed one of their own. I loved coloring as a child

and I love it today. This book is made to draw in and color

and you don't have to stay in the lines if you don't want to.

Barbara Appleby Books

If you want to know what
books that will be out next
please join our mail list at
barbaraappleby.weebly.com
And also see our full line of
books.
We can be found on Facebook at
Barbara Appleby Author.
Also at Twitter at @PenDrawings.